I Quaderni del Circolo

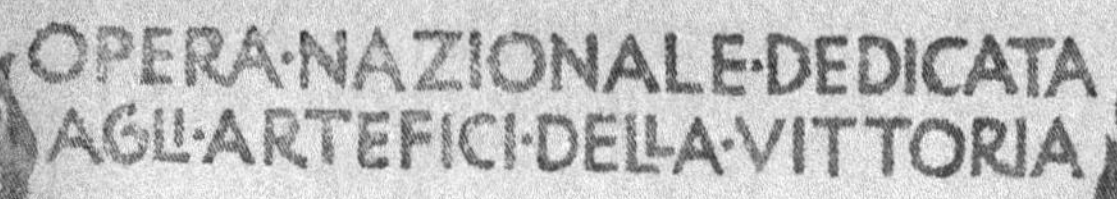

GLI ANIMATORI

FULCIERI PAULUCCI DI CALBOLI

PROFILO DI

LUDOVICO TOEPLITZ
DE GRAND RY

MCMXXII

GUIDO MARUSSIG

...ESSO·LA·SOCIETÀ·TIPOGRAFICA·EDITORIALE·PORTA·DI·PIACENZA

Ludovico Toeplitz de Grand Ry

Fulcieri Paulucci di Càlboli

Profilo dalla raccolta

Gli artefici della vittoria

Gli animatori

Riedizione a cura di Sergio Fumich

Andreani

Circolo Culturale Anticonformista

L'attività editoriale del Circolo Culturale Anticonformista "Andreani" è particolarmente diretta al recupero di vecchie pubblicazioni e documenti manoscritti che sono stati parte o danno testimonianza della cultura e della storia dell'Ottocento e del primo Novecento. Con la pubblicazione dei Quaderni il Circolo intende adempiere ai suoi scopi statutari che indicano come primo obiettivo il recupero e la valorizzazione della cultura locale nelle varie forme ed aspetti con cui nel tempo si è manifestata, la storia e le tradizioni della civiltà agricola che nelle diverse epoche ha arricchito il territorio, la storia della gente di Brembio e dei suoi legami con il circostante territorio lodigiano, con l'altra gente lombarda ed in generale con le vicende nazionali.

FULCIERI PAULUCCI DI CÀLBOLI

di Ludovico Toeplitz de Grand Ry

A cura di Sergio Fumich

Prima edizione nei Quaderni: Dicembre 2013

Isbn 978-1-291-63176-0

ANDREANI
Circolo Culturale Anticonformista
Brembio

Nota del Curatore

La Società Tipografica Editoriale Porta di Piacenza diede alle stampe negli anni Venti del secolo scorso una serie di volumetti, singoli o doppi, che tracciavano i profili degli "Artefici della Vittoria", con l'intento dichiarato nell'epigrafe di "consegnare stabilmente alla storia e alla gloria la grande aristocrazia della vittoriosa guerra d'Italia". La raccolta, ideata e curata da Mario Carli, arricchita da fregi ornamentali di Guido Marussig e pubblicata "sotto gli auspici delle autorità statali e col favore nazionale", si avvalse della collaborazione di importanti personaggi dell'epoca, tra i quali ricordo alcuni tra i più altisonanti: Gabriele D'Annunzio, Sem Benelli, Massimo Bontempelli, Giuseppe Bottai, Filippo Tommaso Marinetti, Benito Mussolini, Ardengo Soffici.

La raccolta era divisa in gruppi così etichettati: *i Condottieri*, tra essi cito in particolare i profili del re Vittorio Emanuele III e del generale Cadorna; *gli Animatori*, come ad esempio Gabriele D'Annunzio e Benito Mussolini; *gli Eroi*, come Antonio Cantore; *i Martiri*, come Cesare Battisti; *i Volontari*, quali Filippo Corridoni e Roberto Sarfatti; *i Politici*, come Sidney Sonino e Vittorio Emanuele Orlando.

I volumetti rappresentano un documento storico dell'epoca, gli anni del dopoguerra che precedettero l'avvento del fascismo in Italia, ma soprattutto di costume, e possono aiutare oggi a comprendere quale fosse il sentire della gran parte degli italiani allora sotto effetto dell'esaltazione nazionalistica che aveva sostenuto e giustificato l'enorme sacrificio di sangue rappresentato dall'intervento militare dell'Italia nella Grande Guerra. La realizzazione di un mito, insomma, – e il tono espositivo in tutti è quello, – capace, con la sua attiva propaganda, di smorzare, se non di occultare, i problemi economici e sociali che il conflitto aveva certamente acuito nella popolazione italiana. Un mito potente, come si vedrà di lì a poco, capace di dare cemento al ventennio fascista e anche dopo, fino ad oggi, quando in un'epoca d'esaltazione d'una Europa unita, ancora, contraddizione in termini, si fa leva dell'orgoglio nazionalista, a Roma come nel più sperduto comune della penisola, per celebrarlo nella data del 4 novembre.

Due parole ancora sul protagonista del volumetto e sul suo autore. Fulcieri Paulucci di Càlboli nacque a Forlì nel 1893. Suo padre Raniero era un importante diplomatico. Iscrittosi alla Facoltà di Giurisprudenza presso l'Università di Genova, si laureò ivi nel 1914. Con lo scoppio della prima guerra mondiale, divenuto convinto interventista, abbandonò l'idea di seguire professionalmente le orme paterne e si arruolò immediatamente come volontario chiedendo di essere destinato alla prima linea. Il profilo tracciato nel libro dà pieno racconto delle sue eroiche gesta. Ricordo qui, dunque, solo che già invalido, insignito della medaglia d'oro al valor militare, dopo la disfatta di Caporetto, aderì al comitato d'azione fra mutilati, invalidi e feriti di guerra, partecipando sulla carrozzella all'intensa opera di propaganda svolta per esortare gli italiani alla resistenza. Morì a 26 anni, nel febbraio del 1919, presso il sanatorio di Jaanen, in Svizzera.

L'autore, Toeplitz de Grand Ry, nacque nel 1893. Figlio del banchiere Toeplitz della Banca Commerciale, fu personaggio eccentrico, ricordato soprattutto come direttore dello studio cinematografico Cines negli anni 1932-1933.

Fulcieri Paulucci di Càlboli

Questa raccolta, che intende consegnare stabilmente alla storia e alla gloria la grande aristocrazia della vittoriosa guerra d'Italia, è ideata e ordinata da Mario Carli; ornata con fregi di Guido Marussig; pubblicata, sotto gli auspicii delle autorità statali e col favore nazionale, dalla Società Tipografica Editoriale Porta in Piacenza.

FULCIERI PAULUCCI DI CÀLBOLI

Ho avuto la ventura di essere legato da una fraterna amicizia a Fulcieri Paulucci di Càlboli.

Jean Finot, or sono due anni, lo aveva invitato a scrivere le sue memorie di guerra, «car tu n'en doutes point, combien une vie comme la tienne illustre d'une façon efficace, ma doctrine optimiste sur l'humanité, qui à travers les enfers, s'achemine vers la réalisation du Paradis sur terre».

Fulcieri, purtroppo, non ebbe il tempo di compiere il desiderio di questo suo illustre amico. E io, che ne ho conosciuto la vita e l'opera, ho creduto dovere di buon fratello minore, raccogliere i nostri comuni ricordi e additare ai miei concittadini, quale una fiaccola meravigliosa di italianità, il suo apostolato e il suo martirio.

La fidanzata mi ha dato il loro epistolario: e allora io ho cercato di fondere i miei ricordi, con le loro lettere. Così che io mi sono proposto, non più di celebrare il soldato, non più di celebrare il patriota soltanto, ma l'uomo. perché l'epistolario di *Fulcieri Paulucci di Càlboli* alla sua fidanzata *Alessandra Porro di Santa Maria della Bicocca*, è un poema di soavità d'amore e di sacrificio, quale altro non conosco.

Eravamo nella Svizzera, il fatale luglio 1914. Si giocava a tennis. Erano appena finite le gare di Friburgo (in cui la tensione d'animo tra latini e germanici aveva dato luogo a strane e, allora inconsuete manifestazioni di antipatia sul campo sportivo) e stavano finendo le gare di Berna.

Con Fulcieri ci si ritrovava quasi quotidianamente. Nessuno di noi pensava alla guerra: sembrava un'utopia, relegata fra le barbarie d'altri tempi o d'altre latitudini. Si giocava a tennis, e tra un the e l'altro, si ballava il tango. Dico noi. Ma tra noi, uno, Fulcieri, che le apparenze mondane della vita diplomatica e cosmopolita sembravano assorbire, Fulcieri, forse, pensava seriamente alla guerra. Ne parlava di rado; ma ne parlava.

Si era laureato in quei giorni. Tornava da Genova ancora tutto commosso e vibrante, per la tesi di laurea con tanto amore studiata e sostenuta: *La lotta al celibato, nel passato e nell'ora presente*; tutta pervasa da un sano spirito nazionale, da un profondo senso di umanità.

Quel ragazzo che ballava con tanto slancio e con tanta passione, che giocava a tennis e montava a cavallo, quel ragazzo mondano, non era che la corteccia di un'anima altamente pura e dritta. Era un entusiasta. Un idealista. Un apostolo.

Fin da piccolo, la storia patria, l'esempio degli uomini illustri del nostro risorgimento, avevano sollevato nel suo animo un clangore insolito di echi, una commozione profonda, rara in un bimbo.

A Lisbona, ove suo padre, Raniero, rappresentava la Maestà del Re d'Italia, il giovinetto Fulcieri apre una scuola di storia patria per i bimbi della nostra colonia. L'insegnare, l'ammaestrare, fin da allora, vuol essere la sua gioia più compiuta.

A Genova, all'università, non teme di andar contro corrente, predicando e insegnando, con la parola e con l'esempio, ai suoi compagni la necessità di mantenersi puri, di mantenersi casti, perché il matrimonio possa un giorno essere fecondo di figli, sani nell'anima e nel corpo.

I figli: ecco la grande ricchezza della povera gente, ecco la gran forza d'Italia. Naturalmente egli è portato a combattere il celibato e a «considerare il figlio quello che realmente è, cioè una forma di imposta pagata dal singolo alla collettività. Donde deriva necessariamente il corollario: *chi non paga in figli, paghi in denaro*».

Fulcieri, l'apostolo, è come pervaso da un oscuro senso profetico, quando conchiude: «Noi siamo in questo momento nella nostra età sacra, età in cui nello sforzo e nella lotta si prepara per noi qualcosa di grande nel profondo della storia mondiale».

Questo, Fulcieri scriveva prima del giugno del 1914, quando a Sarajevo non anche l'arciduca Ferdinando era stato ammazzato, quando la Francia godereccia era preoccupata solo dallo scandalo di madame Caillaux, quando non si passavan le giornate sui campi di tennis, e tutto il mondo sembrava si cullasse dolcemente, un poco troppo dolcemente, al ritmo sottile e snervante d'un tango americano.

Appena scoppiata la guerra mondiale, la corteccia di vanità mondana, cade. E io mi ricordo alla mia partenza da Berna, l'abbraccio fraterno alla stazione, e la promessa di rivederci presto nella Patria in armi. Passava in quel mentre il rappresentante del defunto governo austriaco, barone von Gagern, che ci chiese se partissimo: e Fulcieri gli disse ch'io solo partivo, per andare ad arruolarmi, e ch'egli mi avrebbe seguito a giorni. — Puisque vous êtes nêutres... — disse l'altro, con un risolino beffardo. E insieme gli dicemmo, Fulcieri e io, la nostra fede nell'intervento d'Italia.

Su quel medesimo treno, che mi riportava in Italia, viaggiava con le sue sorelle Alessandra. Essa si era incontrata a Berna con Fulcieri, e dalla fredda conoscenza di un ricevimento mondano, era, in pochi giorni, sorta una buona amicizia, che in sé chiudeva, inconsapevole, il germe dell'amore.

Era l'otto di agosto 1914. Due giorni dopo Fulcieri scrive ad Alessandra una prima lettera, che è una professione di fede: «ad ognuno di noi spetta una missione: quella, per servirci dell'immagine oraziana, di alimentare d'olio la lampada, trasmessaci accesa dagli antenati. Essa non c'illumina per virtù nostra. Noi dobbiamo quindi renderci degni, sforzandoci di renderla sempre più splendente di luce per noi e per gli altri».

Era tornato in Italia, da qualche giorno, e attendeva d'essere chiamato al plotone allievi ufficiali nel reggimento cavalleggeri di Saluzzo.

Quell'anno vi era la scelta tra due soli plotoni: questo, a Milano, e un altro, se non erro, a Firenze. Fulcieri fa l'impossibile per entrare in quello di Milano... Difficoltà, le solite difficoltà burocratiche, intralciano il suo desiderio: è troppo alto (m. 1.86), e d'un peso troppo ingente per un cavalleggere! Occorre l'autorizzazione speciale del colonnello, comandante il reggimento: ricordo le nostre peregrinazioni, in motocicletta, alla ricerca dei cavalgeri di Saluzzo, che manovravano per la brughiera di Gallarate. Ottiene l'assentimento. E si presenta in quartiere per essere svestito del suo abito borghese, e rivestito condecentemente. Così il primo ottobre 1914 si avvera il suo sogno.

La crudezza della vita militare non sveglia in lui che una sana allegria, ch'egli diffonde intorno a sé, tra i suoi compagni, per quell'abito mentale che gli era proprio, di essere un incitatore e un poco il direttore spirituale di tutti coloro che ne potessero avere bisogno. Egli sa «tutto il bene che si può fare intorno a sé, con una parola, con un sorriso, con un gesto». Questo suo apostolato non è vano, poiché un giorno, in un ospedale da campo, ritroverà uno dei suoi compagni, Stringher, il quale «mi ha detto cinque o sei volte che si ricordava sempre di di quanto avevo fatto, ai tempi del plotone, per rimontarlo, e che ne serbava eterna riconoscenza...». L'essere ricordato così, gli era caro, e soleva dire, commosso, che non avrebbe potuto aver più dolce compenso.

Sottotenente di complemento, Fulcieri veniva assegnato al reggimento Savoia Cavalleria.

Con il reggimento va ai *tiri* nella brughiera di Gallarate; ma poi essendo in sopra numero e correndo il rischio di dover restare al deposito di Milano, chiede ed ottiene di essere inviato, quale osservatore d'un gruppo di batterie a cavallo, alla seconda divisione di cavalleria. Il giorno prima di partire, nel maggio glorioso di sole d' impazienza e d'entusiasmo, sopra una cartolina di Trieste, con la torre di S. Giusto: «Ad Alessandra, Fulcieri. Per ricordarti dove spero che Iddio mi concederà di giungere; dove arriverà certo il mio spirito il dì della vittoria d'Italia».

Parte felice ed angosciato ad un tempo. Aveva pregato gli fosse consentito sposarsi prima di partire per il campo, perché potesse andar più sereno alla lotta, sapendo che a casa sua vigilava il fuoco nel focolare la donna, da lui scelta, e il figlio, forse, che potrebbe così essere per nascere, quand'egli fosse per morire... Il nome non avrebbe interruzione, così come la perfetta catena dei giorni e delle notti in un anno.

Questo non doveva essergli concesso.

Le prime notizie si fanno un po' attendere. Da Oderzo, finalmente, il 15 maggio, giunge la voce di Fulcieri, che si trova sulla via del confine.

«Siamo giunti qui, dopo una marcia simpaticissima di trenta chilometri; simpaticissima, perché lungo il percorso le donne del popolo buttavano dei fiori, rose e glicine, ai soldati. Molta allegria, molto entusiasmo. Dopo lo spettacolo disgustoso della combriccola giolittiana, questa fede popolare fa bene».

L'ora incalza. E il ritmo si fa eroico. «Alessandra, Alessandra mia, la guerra è imminente. Da un giorno all'altro io posso essere chiamato a dare il mio sangue. Fa che io possa partire in pace... e poiché questa potrebbe anche essere l'ultima lettera ch'io ti scrivo, (non lo sarà, vedrai, ma ciò non di meno occorre prevenire), ti avverto che ho consegnato qui al comando il mio testamento...».

Il suo *testamento*! Il tragico della sua vita si palesa anche in questo particolare: con la sua smania di testare (il giorno in cui raggiunge la sua maggiore età, è felice di poterlo fare!), ecco egli muore lasciando solo questo, scritto nei primi giorni di guerra. Ne farà distruggere uno qualche giorno prima di morire, con l' intenzione evidente di rifarlo. E invece Fulcieri, per scherno della sorte, muore lasciando queste sue *ultime volontà*, che certo non sono poi secondo le sue intenzioni. Sembra veramente in lui un beffardo demone si accanisca, perché il suo sacrificio sia più compiuto. Muore casto, senza che la sua castità abbia raggiunto lo scopo. Muore celibe. Muore in terra straniera. Tra le mani gli fu messo un piccolo vessillo tricolore, che le donne di Bellinzona gli offersero al suo passare. Questo piccolo drappo, che gli era particolarmente caro, è gelosamente custodito nell'arca di Forlì, ove egli dorme, per l'eternità, ma donde egli pur sempre accorrerà «ogni qual volta vi sarà ancora da vincere una buona battaglia per l'ideale».

Unica consolazione è l'aver visto la vittoria finale: anch'essa, però, amareggiata nei suoi ultimi giorni, dalle mene jugoslave al *Consiglio dei quattro*, in Versaglia.

Fin dal primo giorno di guerra egli guarda innanzi sereno e fiducioso; e la possibilità della sua morte o della sua menomazione fisica, pur essendogli chiara e presente, non lo turba, ma lo incita anzi per un'acre voluttà di sacrificio.

Passato l'iniquo confine, a Cervignano, il 24 maggio, in qualità di esploratore d'un gruppo di batterie a cavallo, con la divisione di cavalleria, prende parte alle azioni di quel primo tempo, che condussero alla presa di Monfalcone. Il 26 maggio subisce il battesimo del fuoco.

Giornate gloriose di sole e di moto, in cui sembrava si dovesse andar galoppando a Trieste! Da Strassoldo manda una buona notizia, pregando non venga diffusa, «altrimenti un'altra volta non parlo più! Ho sentito il colonnello che parlava di me e diceva che era stato sul punto di propormi per un elogio, il famoso giorno di Staranzano, in cui ho fatto, nel buio, da guida al *"Mantova"* che si ritirava; poi non lo fece, per non aver l'aria di dare una lezione al *"Mantova"*».

La guerra intanto a poco a poco s'impesantisce, si nasconde in trincea. E Fulcieri che vede, con i suoi occhi, l'inverosimile sacrificio che il fante quotidianamente compie nella nuova sua vita da talpa, Fulcieri ormai schiva di parlare di sé.

«Mentre ogni giorno le nostre eroiche fanterie seminano di cadaveri il nostro fronte, mentre ogni giorno decine e centinaia di uomini danno la loro vita per la Patria, il raccontare un fatto qualsiasi di qualcuno che non sia in trincea, mi sembra una profanazione. Specialmente (e non soltanto) perché i fatti per via si ammantano di una veste eroica; come per esempio il mio naturalissimo gesto di Staranzano che diventa l'*aver salvato la vita al colonnello*, mentre io mi misi davanti a lui, non perché gli tiravano addosso, ma perché potevano tirargli addosso, non facendo quindi che il mio più stretto dovere senz'alcun eroismo».

Ora, anche il semplice combattere diventa una utopia: nell'assestamento della guerra, le truppe a cavallo passano attraverso un periodo di snervante attesa. Ancora non si pensa all'impiego appiedato, e più non si può combattere montati.

Fulcieri, cui l'inazione pesava come null'altra cosa, impiega il tempo di quello ch'egli soleva chiamare i suoi ozi capuani intorno ad Aquileia, a fare delle visite agli ospedali; «visite, che troppo raramente gli ufficiali sanno di dover moralmente fare».

Visita i degenti in tutte le ore disponibili; famigliari gli divengono tutti gli ospedaletti da campo, che vanno erigendosi intorno a Cervignano ad Aquileia a S. Giorgio di Nogaro.

I suoi viaggi, i suoi leggendari viaggi in bicicletta, non si contano più. Il sacrificio non è vano: «l'ultimo viaggio Aquileia-Udine, mi ha fruttato un cumulo di roba per la Croce Rossa.

«Ti unisco una fotografia da mandare alla famiglia di quel povero Fusco. Tu dirai, firmando soltanto Alessandra, che gli mandi a nome mio quella fotografia, e dirai, come mia fidanzata, alla famiglia, quelle parole buone che ti detterà il cuore».

Egli era stato richiesto da un fratello dell'eroico morto di una sua fotografia, «che metteremmo a fianco del nostro carissimo estinto. Per noi tutti di famiglia, Amedeo vive in lei».

E ben vissero in lui questi morti gloriosi. Per essi la morte acquista una nuova, profonda significazione di vita.

Solo una semplice croce di legno orna la tomba. Così anch'egli sogna poter dormire un giorno, il suo sonno per l'eternità; ed essere sepolto ove sarà caduto, vicino alla linea del fuoco per esser cullato, ancora, dal rombo della battaglia... Vivere accanto a tanta luce di gloria e di dolore, un pensiero s'impone necessario: perché non io?

Essere travolto da una tragedia, sta bene. Ma viverla prima, martoriarsi prima, è come il Cristo che suda sangue nell'orto di Getsemani.

Nonostante il presentimento oscuro della tragedia immanente, che doveva fatalmente squassare nel suo turbine la loro esistenza, ecco, della religiosità del loro animo, traggono fede nella Provvidenza.

Il suo pensiero ricorre sempre a Dio, in tutte le circostanze gravi. A Dio aveva chiesto la forza di trovare la via della verità e della vita, nel Duomo di Milano, il giorno del loro fidanzamento. A Dio chiede la forza, quel mattino tanto atteso, per esser degno d'entrare in campo per la grandezza d'Italia.

Lo spirito cristiano su cui s'impernia tutta la vita interiore di Fulcieri, è principalmente «il vecchio precetto evangelico: Non fare agli altri... È questo il miglior sistema per essere degni di poter chiedere una grazia».

Su ciò si basa, nella sua origine, la sua concezione dell'obbligo morale della castità. Non abbrutire nessuno; non concorrere mai a quel delitto sociale, che è il bestiale asservimento della prostituta.

La vita nelle retrovie, malgrado la sua attività ospitaliera (del resto impedita assai presto da disposizioni forse troppo rigidamente interpretate), gli diventa un peso, uno strazio.

Chiede di essere trasferito e mandato nei granatieri. Non si può. Non vi è nessun appiglio burocratico per poter ottenere un trasferimento in fanteria. Chiede allora d'andare nelle autoblindate. Non vi è più posto. Le squadriglie son poche e il posto ambito da molti. Arriva troppo tardi.

Non si perde d'animo. Cerca ancora, si agita. Egli sostiene che ognuno è fabbro della propria sorte: e non conosce riguardi nel martellare la sua vita, per foggiare il suo destino degno del nome illustre che porta, degno del suo passato di propagandista, di nazionalista e di interventista.

Questo suo agitarsi gli suscita intorno delle mal celate antipatie. Cosa crede di essere dunque, questo ragazzo? Anche i compagni che non comprendono la sua angoscia, lo motteggiano, lo punzecchiano, a volte lo feriscono addentro.

Siccome Fulcieri è cocciuto e non conosce il falso pudore di essere importuno, quando voglia ottenere una cosa, che egli stimi utile e santa, riesce nel suo intento. E sul finire di settembre, lascia, senza rimpianto, il suo ozio capuano, e va, in qualità di ufficiale addetto, al comando della brigata di Padova. Quivi resterà a lungo, sino all'agosto dell'anno successivo.

Al comando della Brigata di fanteria sul Carso, egli si sente rivivere.

Si sta bene, in questa sana atmosfera di azione e di pericolo, che meravigliosamente cementa e affratella gli animi. Innumerevoli sono gli esempi di valore e di sacrificio, che quotidianamente il fante contempla e vive. L'ammirazione di Fulcieri si fa ancora più riverente, specialmente per quelli che dalle terre irredente vennero ad arruolarsi volontari in fanteria.

Le sue lettere del tempo passato alla brigata, sono tutte una glorificazione del fante.

«Andando ai battaglioni nostri, impegnati da ieri, ho saputo di atti di eroismo straordinario, malgrado le forti perdite.

Un capitano, Gregoruti, ha portato avanti la sua compagnia sotto un fuoco d'inferno. Ferito, non ha lasciato il combattimento. Giunto nella trincea nemica, mentre urlava: — ci siamo ragazzi! Evviva la quinta compagnia! — fu preso in pieno da una granata. Evviva la fanteria! Sono sempre più felice di essere qui, e fiero della mia divisa». Perché Fulcieri, fin dal 12 ottobre 1915, aveva chiesto e ottenuto «di portare il fregio e le mostrine verdi e nere del 117».

Questo egli fa per esser anche più vicino nell'umiltà della disadorna divisa, ai suoi nuovi compagni d'elezione; gli sembrava quasi, così, di correggere la sorte, che lo aveva voluto cavaliere, al tempo in cui si pensava che la cavalleria sarebbe stata, in guerra, più d'ogni altro allo sbaraglio. Invece il destino lo avrebbe dovuto mandare al comando d'un plotone di fanteria.

Ecco d'un tratto si presenta la possibilità di cambiar

arma, diventare realmente un fantaccino.

Fulcieri non esita un istante e fa la domanda. Per lui «si tratta esclusivamente di dare un esempio». Del resto egli ritiene semplicemente di fare il proprio dovere.

Certo, in fanteria, l'avanzamento è più rapido che non in cavalleria... (Era passato dietro sua domanda, in servizio attivo da pochissimo tempo). D'altronde egli si dice che la sua «domanda sarà graditissima e per l'esempio e perché essendo un ufficiale in servizio attivo permanente con pochissima anzianità, non avrò l'aria di fare il cambiamento per guadagnare nella carriera». Cosi sembra che il suo sogno sia per avverarsi...

Ma la sua domanda per il passaggio in fanteria non ebbe fortuna. In alto loco prevalse il concetto dell'appiedamento di alcune grandi unità di cavalleria, al completo, su quello dell'impiego degli ufficiali in fanteria, isolatamente. Cosi questo suo sogno rimase ancora e solamente un bel sogno.

Quando egli fa la sua domanda per il passaggio in fanteria, era già stato ferito per la prima volta. Ad Alessandra non aveva detto nulla. Essa lo viene a sapere solo incidentalmente.

«Ma no», le scrive Fulcieri il 31 ottobre 1915, (era stato ferito fin dal giorno 26, ad un ginocchio, andando lungo il canale che da Monfalcone conduce a porto Ròsega;) «ma no, non sono stato ferito ad una mano, come dici tu. Ho avuto soltanto delle escoriazioni un po' profonde, sia alla mano che al ginocchio, e un po' d' intontimento alla testa per la botta. Non c'è nessun pericolo».

Già qualche tempo prima Alessandra gli aveva regalato una corazza e una lastra di metallo, da portare nel berretto. (Allora gli elmetti non erano ancora in uso da noi). Egli non porta nulla di questo armamentario. Gli sembrerebbe una vigliaccheria: «pare che a giorni verranno dati gli scudi alla truppa. Allora manderò a prendere il mio. Ma non prima, e tu sai il perché...».

Quella così detta escoriazione al ginocchio seguita a dargli fastidio. È vero che il 12 novembre le notizie sono discrete...

«A proposito della mia leggera ferita ti vengo a dire con piacere che il mio ginocchio va meglio».

Il 18 novembre 1915, circa una ventina di giorni dopo esser stato ferito, si lascia finalmente convincere d'andare all'ospedale.

All'ospedale arriva il 20 novembre '15. Vi resta il minimo indispensabile; ma è questo un bagno di nuova energia, di nuovo entusiasmo, di nuova fede. Torna alla brigata, che è nuovamente impegnata in un'offensiva sul Carso.

L'offensiva si arresta. E l'inverno, quel primo freddo inverno di guerra, scende sui soldatini in trincea. Natale s'approssima, e con esso, favolosa, la prima licenza invernale!

Il 7 gennaio riprende servizio alla brigata. La sua gioia d'esser tornato tra i suoi fanti gli è amareggiata da un improvviso febbrone, che sembra volerlo inchiodare a letto, chissà per quanto! Che sia un'infezione? Il medico lo teme, e vorrebbe Fulcieri andasse all'ospedale...

Fulcieri non vuole: e come per costringervelo gli si pone il dilemma di prestar servizio o d'entrare all'infermeria, egli non esita, e compie, coraggiosamente, anche questo sacrificio.

Come s'è visto, il passaggio in fanteria è definitivamente sfumato. Le voci circa un impiego delle divisioni di cavalleria appiedate, arrivano all'orecchio di Fulcieri, da prima vaghe, poi sempre più concrete; egli allora traffica, cerca di essere bene informato sulla «famosa questione dell'appiedamento... che non vorrei avvenisse senza che io ne fossi parte». E risogna di comandare un plotone di Savoia Cavalleria al fuoco, un plotone di quei baldi cavalieri, che altre volte conobbero la sorte del «moschettiere» a piedi; e gli sorride la idea, di tornar forse a combattere sotto il vecchio elmo crociato...

Anche qui una delusione, la terza divisione di cavalleria, quella di Savoia, per ora non sarà appiedata. S'informa della eventuale possibilità di cambiar reggimento: poiché non conosce i piccoli e i grandi campanilismi, quando sia in ballo l'utilità della Patria.

Sarebbe forse una cosa fattibile: ma quasi certamente sarebbe costretto d'andar a un deposito per fare il «complemento», in una qualche città.

Questo no. Piuttosto rimanere al suo posto, alla brigata, ove ha modo di dividere col fante i disagi e i pericoli quotidiani, e dove riesce ad essere utile, anche per la popolarità di cui gode in mezzo alla truppa.

Egli si occupa, all'infuori del suo stretto dovere, di mantenere alto il morale del soldato, facendogli sentire, che, malgrado tutto, non è solo, non è «la carne da macello», di cui va predicando la propaganda disfattista; e per convincerlo, si prodiga in calde buone parole di incoraggiamento e di fede, si prodiga nel far la contropropaganda spicciola, di tutte le ore, di tutti i momenti, durante il fuoco in trincea, durante i periodi di riposo nelle retrovie.

Al comando della brigata non ha delle mansioni ben definite: fa delle ricognizioni, gira, gira senza conoscere la fatica.

Un giorno, nell'ultimo mese passato sul Carso, prima della Strafexpedition di Conrad in Trentino, durante una di quelle ore così dette calde, sotto un grandioso tambureggiante bombardamento, egli deve accorrere in un punto della linea. Preso nel cono di deiezione d'una grossa granata, che gli scoppia vicino, rimane coperto di terra e di sassi. Si rialza: «Evviva la vita!... ed entrato nel ricovero... il cielo, fuori, mi sembrava più azzurro, e il sole più bello. Credi che ci vogliono delle lezioncine simili, per saper apprezzare tutta la grazia di Dio che ci circonda».

Anche la brigata Padova venne mandata ad arginare la marea dell'invasore.

Lascia il Carso il 22 maggio 1916. Nell'ansia della partenza, Fulcieri non ha tempo di passare da Cervignano, per salutare Alessandra sua. L'ora incalza. Sulle belle strade diritte del Veneto, ecco le file interminabili di autocarri, con i grappoli dei soldati, entusiasti della nuovissima corsa. E anche i treni si susseguono, vertiginosamente: l'esercito, come una grande ondata, si riversa in Trentino.

La brigata va in vai Lagarina: «siamo in riserva, ma pare per poco. Fosse vero!» Infatti tre giorni dopo: «Sono felice! felice non sai quanto! È giunto un ordine non te ne posso dir niente, ma un ordine delizioso. Ci si avvicina al fuoco, e io non sto in me dalla gioia. Sono pazzie, lo so. Ma mi pare quasi che entrando in azione con tutto il mio entusiasmo, con tutta la mia fede, io possa fare chissà che cosa... Un miracolo magari! Non si sa mai! Si dice che la fede scuota le montagne...».

La divisione, la eroica 37.a, si copre di gloria nella resistenza di Zugna e di Passo Buole: e sulla medaglia che in testimonianza il generale Ricci Armani fece coniare, bene è ricordato il motto vittorioso: *non abbiamo ceduto di un passo e non cederemo finché vi sarà un solo uomo.*

«Il generale comandante la divisione (un uomo in gamba, dicono i soldati), è stato promosso stamane tenente generale per merito di guerra. Ha dato per parola d'ordine: non si passa. E il nemico non passerà».

In quei giorni legge sul giornale che quelli che hanno fatto un anno di zona di guerra, saranno già autorizzati a portare il nastrino della campagna: «il primo nastrino ch'io metterò sul mio petto, il solo nastrino, forse, tra i tanti che mi verranno certamente con gli anni, di cui resterò sempre fiero» . La brigata intanto si trasporta sullo Zovetto, il macabro Monte dei Cadaveri.

Il 28 giugno, coperto da scheggie di pietre per lo scoppio d'una granata, è di nuovo ferito al suo ginocchio, dolorosamente.

«Per fortuna nessuno, salvo Ricci» (un suo fidatissimo amico e compagno di studi e di fede, a Genova) «si è accorto di nulla. È la sua ultima fierezza. Dimmi che la condividi...».

Per fortuna, dice Fulcieri: altrimenti di nuovo l'avrebbero mandato, chissà dove, in un ospedale... Solo Ricci se ne accorge; ma certo questi non tradirà il suo segreto; segreto d'esser stato ferito per la seconda volta!

Questo punto d'analogia tra Fulcieri e il mutilato Toti,

a me piace e mi commuove.

Fulcieri riesce a restar nella battaglia, contro la sorte; ma ecco che anche una volta il ghigno del suo grottesco destino di lui si beffa: e la vigilia della Sagra di Santa Gorizia, egli si vede d'improvviso richiamare, d'urgenza, al deposito del suo reggimento in Milano. Questo avviene il primo agosto 1916.

La più grande battaglia, la più travolgente delle vittorie d'Italia, la presa guerreggiata di Gorizia, egli non doveva vedere che su per le colonne dei giornali, o nella riproduzione cinematografica, come un imboscato od un borghese qualunque!

Egli era zoppo, ormai. La gamba, a furia di non essere curata in tempo, s'era irrigidita nel ginocchio, e gli dava quel passo un poco saltellante, così caratteristico.

Un giorno udì alcuno che di lui diceva: — Ma che ferito! sarà caduto da cavallo... — E mi ricordo quanto quelle parole gli rodessero il cuore.

«Io sento che il mio posto non è qui. Anche zoppo (tanto più che non vi sono pericoli di complicazione) posso rendere dei servigi; posso, se non altro, dare il mio umile esempio. Invece sono qua, inutile, come gli imboscati che passeggiano in galleria...».

Ha brigato per tornare alla fronte, con un incarico purchessia. Ora attende d'esser chiamato ad un gruppo d'artiglieria, nuovamente in qualità di osservatore: ma in linea! La burocrazia vuole il suo tempo, e chissà quando potrà andarsene...

Ma tarda troppo a venire quest'ordine di partenza! «E la mia nomina, quando verrà? Mi sto struggendo di disperazione, per l'inazione in cui sono lasciato. Perché? Perché?». Sei giorni dopo ancor nulla!

L'indomani, ecco, riceve l'ordine tanto sospirato, e parte immediatamente per Monfalcone. Nel cantiere, sulla leggendaria nave, è il suo posto di osservazione.

Ha davanti a se un paesaggio a lui ben noto: quota 12, quota 77, la selletta, la quota così detta delle medaglie d'oro, ove son morti il capitano Gregoruti, ch'egli conobbe; l'eroico Toti, ch'egli aveva incontrato all'ospedale 237 di Cervignano; quota 121... Tutti luoghi sacri al ricordo della sua vita tra i fanti. Ha nostalgia dei fanti. Qui è alla fronte: ma gli sembra d'esser troppo lontano dalle fucilate; e le smozzicate rovine d'Adria Werke, là davanti, hanno per lui un fascino irresistibile!

L'undici ottobre l'essere così indietro comincia a diventargli davvero troppo duro. «Ebbi così a soffrire il supplizio d'essere ridotto, con tutto il mio entusiasmo, a seguire il magnifico attacco dei nostri, standomene ad un apparecchio telefonico! ».

Perciò, il giorno dopo, fa domanda di essere mandato nei bombardieri.

Egli aveva potuto, con i suoi occhi, giudicare il valore della propaganda, che il suo esempio faceva. «Torno adesso dalla prima linea, e ti assicuro che ho sentito che i tre giorni passati a quota 121, non sono stati inutili. A quanti erano stanchi, sfiduciati, soli, ho gridato il dovere della fede; della certezza nella vittoria; della fierezza del dovere compiuto. E il mio zoppicamento triplicava il valore delle mie parole».

Quel suo ginocchio «suscita lo stupore universale», ovunque egli vada. A tutti ripete, come ossessionato, la sua smania di andar avanti.

Ciò non ostante egli è cancellato dalla lista di quelli che debbono andare nei bombardieri: lo si considera inabile alle fatiche di guerra.

Egli non sa spiegarsi donde provenga questa ostilità a tutte le sue domande. Ben sa ciò non possa emanare dal padre della sua fidanzata, che il generale Porro gli ha pur detto un giorno, come «un soldato non possa fare che una domanda sola: quella di andare avanti». E che effettivamente l'ostruzionismo non movesse da quella parte doveva poi sanguinosamente dimostrarlo il futuro!

Intanto sembra a Fulcieri gli venga usato un trattamento speciale. Ne è indignato. Già lo avean saltato, perché zoppo e quindi meno agile di un altro, nel turno di quelli che accompagnavano le colonne d'assalto per mantenere il collegamento con l'artiglieria.

L'amarezza in lui non ha più limiti, ed egli diviene ingiusto, e va oltre: ma non importa. Anzi. Bisogna alle volte saper esagerare, quando si combatte per una giusta causa. Il suo sdegno, qui, è bello, come l'ira di chi spezzò le tavole della legge.

Nella sua santa indignazione, rimane perfettamente logico: «Se mi ritiene malato, mi si faccia visitare e mandar via. Rimanendo qui devo far servizio almeno come gli altri».

È Fulcieri che questa volta pone il dilemma ai superiori, i quali si decidono di mandarlo ad una visita medica, all'ospedale di Palmanova. Vi resta una mezza giornata, indi, senz'altro, scappa e torna in batteria. Come mai? Risponde evasivamente e fa capire d'essere stato fatto abile a qualunque servizio! Le scartoffie arriveranno in seguito... Invece arriva l'ordine perentorio dalla Divisione di consegnarlo al direttore dell'ospedale di Palmanova, facendolo accompagnare da due ufficiali! «Dalla batteria: ore 6 del mattino.

Ti avverto, perché dall'ospedale di Palmanova io farò in modo di scappare prima di essere imbarcato per Treviso, dove dovrei passare un'altra visita collegiale. Scapperò, perché non voglio lasciarmi suggellare nel sepolcro, mentre sono ancora vivo. Avvenga quello che può. Ti avverto nella speranza tu sia con me in questo momento triste, in cui, per non aver voluto lasciarmi imboscare, mi vedo portato via sotto scorta, come un malfattore».

«Palmanova, ore 16. Come vedi sono di nuovo qui, e quel che più conta, vi sono come un delinquente. Sono rinchiuso in una camera con le inferriate alle finestre, e senza riscaldamento, dove sono stato accompagnato *manu militari*, da due colleghi, che, poveracci, avevano l'ordine di tirarmi addosso, se cercavo di fuggire, verso la fronte, s'intende; che se avessi cercato di filare verso le retrovie, mi si facevano ponti d'oro.

«Se la cosa non fosse odiosa, in quanto rappresenta tutta una psicologia, sarebbe buffa! Io sono accusato di diserzione dal bosco delle retrovie, per portarmi alla fronte... E per evitare che tale mala azione si rinnovi, vengo guardato a vista in attesa di giudizio... Troveremo pure il modo di evadere, malgrado i carcerieri!».

«Ore 18. Lo sciopero della fame ha già avuto il suo effetto. Il maggiore è venuto a parlamentare, ha tolto la segregazione, e mi ha promesso di farmi partire per Treviso, appena si riunisca la commissione. Mi ha assicurato che questa, ove io insistessi mi farà abile... Fosse vero!».

Quello stesso giorno chiede il permesso di tornare in batteria, in attesa giunga l'ordine da Treviso. Non gli è naturalmente concesso... Intanto, all'ospedale, si dà ad un lavoro intenso di epurazione dell'ambiente: certi piantoni non vanno in linea, perché, dicono ammalati di cuore? Organizza una corsa podistica, di velocità, e dà dei premi ai vincitori ma li denunzia per simulazione e li fa mandare in trincea! Sparge un vero terrore intorno a sé: fino ad allora lo si considerava una specie di pazzo innocuo: è un pazzo pericoloso!!

A Treviso cerca in tutti i modi di farsi raccomandare alla commissione sanitaria, perché sappia «che se non mi sono presentato prima, è perché sono scappato alla fronte, perché non volevo correre il rischio di farmi dichiarare inabile». Spera in tal modo di commuovere i suoi giudici — invece non c'è nulla da fare: la commissione è inesorabile. E Fulcieri, sul finire di novembre, ripiomba al deposito di Savoia Cavalleria, in Milano, lasciando per gli uffici dell'Intendenza Generale a Treviso una scia di stupefazione, quasi ostile; poiché era destino ch'egli non dovesse essere compreso, mai, da quei pseudo-guerrieri, (fortunatamente pochi del resto) che non sanno trincera più ardita d'un calamaio, e impresa più audace d'un attergato.

A Milano resta pochi giorni. Ottiene una licenza per Parigi, ove sua zia Olga Tornielli è gravemente inferma.

Prima che partisse dall'Italia, egli s'era rivolto all'Altezza Reale del Duca d'Aosta, perché, come aveva pur preso il Toti, mutilato, prendesse anche lui, in qualche modo, alla sua armata...

A Berna, sulla via del ritorno da Parigi, trova una lettera che gli annuncia prossima la chiamata al suo nuovo posto d'onore.

«Evviva la vita! Sono pazzo dalla gioia! Evviva!». A Milano, due giorni dopo, riceve l'ordine di partenza: «è proprio troppo bello!».

E pertanto, zoppo, malconcio, ma entusiasta sempre e felice, va a prestar servizio al comando d'artiglieria della terza Armata, l'Invitta.

Il suo accantonamento di riposo: Turriaco. La zona della sua attività: dal Veliki al Mare!

Essere riuscito nell'intento, tornare a combattere, invalido, gli è fonte di gioia alta e serena. E questo matto ragazzo, poche settimane prima bistrattato come un malfattore, torna in linea, oramai circonfuso da un'aureola di eroismo e di gloria. «Ho sentito parlare di lei». Gli dice il colonnello Martinengo, che comanda il 73.o reggimento fanteria, quello che ha preso il Veliki e ha avuto la medaglia d'oro al valore.

Passa il capo d'anno alla fronte.

Egli è un cosi detto osservatore di controbatteria. Ai suoi ordini ha quattro aspiranti, che lo coadiuvano nel suo compito delicato.

Ora Fulcieri ha modo di profondersi secondo il desiderio dell'anima sua, e non conosce per sé né riguardo, né riposo. Bene lo dipinge la relazione della proposta per la medaglia d'oro al valor militare.

«Ho girato tutto il giorno come un dannato per cercare nelle innumerevoli doline del Carso, presso il Faiti, alcuni bossoli da 105 austriaci, che pare interessino molto il Comando d'artiglieria. Per fortuna il cattivo tempo, se ha fatto in modo ch'io tornassi a casa bagnato fradicio, mi ha però protetto dagli sguardi indiscreti del nemico.

Sono molto fiero per il fatto che per quelle ricerche e per l'ispezione al servizio di comunicazione di quella zona, il bravo capitano Ederle abbia pensato a me, mentre per turno sarebbe toccato a un altro... Comincio a essere considerato l'uomo indispensabile! Ne sono molto fiero. Tu lo sai anche, non è vero?».

Il 7 gennaio 1917 deve andare «a prendere servizio all'osservatorio del Criuci, dove starò quattro giorni, sino all'undici...

È però antipatico, perché è a cinque chilometri dietro la linea del fuoco. Pare però che occorra fare, almeno una volta, un turno anche a quello».

Alla fine del qual turno, ritorna al suo osservatorio di Dosso Faiti «che è forse il più avanzato di tutta l'armata, ed è quindi interessantissimo».

Il giorno 18 gennaio 1917, durante il proprio turno di riposo, recatosi volontariamente in ricognizione all'osservatorio d'armata di contro batteria a Dosso Faiti, che si trova in primissima linea, ed era l'osservatorio a lui prediletto, perché nella zona più pericolosa, venne a trovarsi sul posto durante l'attacco austriaco del pomeriggio, con altri tre aspiranti d'artiglieria osservatori. Interrotte le comunicazioni, colpito in pieno l'osservatorio da due granate di medio calibro, tra le macerie, fatti uscire prima gli altri, uscì per ultimo, recandosi nella trincea per fare il fantaccino, dopo che gli fu impossibile proseguire il proprio compito di osservatore d'artiglieria. Sotto l'intensissimo bombardamento, che seppelliva interi tratti di trincea, dette attivissima opera per incoraggiare i soldati e riparare i varchi, accorrendo ovunque. All'imbrunire, quando l'artiglieria nemica allungò il tiro e si aspettava l'assalto, avvertitone il comandante della linea, accorse solo e volontariamente al comando del battaglione, allo scoperto, per chiedere e guidare i rincalzi.

In tale percorso venne colpito da palletta di shrapnell alla schiena, con paralisi degli arti inferiori e sembra con lesione del midollo spinale. Caduto, nell'oscurità e nel pericolo del momento, non venne rinvenuto, e rimase per circa due ore senza soccorso. Raccolto infine e trasportato al comando del battaglione (primo del 33.o Fanteria) a tutti gli ufficiali e soldati che lo circondavano, commossi, ebbe ad esprimere parole, non di dolore, ma d'incitamento all'azione, chiamandosi felice di morire per il proprio Paese.

Si propone il tenente Paolucci di Càlboli per la medaglia d'oro al valor militare, con la seguente motivazione: *ferito già due volte, ed inabile alle fatiche di guerra, volle tuttavia essere sempre comandato ai più avanzati osservatori, ove compié opera utile non solo come artigliere, ma anche come soldato, tutti incoraggiando, in tutto portando il suo valido aiuto. Durante un turno di riposo, recatosi volontariamente ad un osservatorio di prima linea, mentre si svolgeva un attacco nemico, dopo che l'osservatorio fu colpito in pieno, raggiunse la trincea per aiutare a mantenere la linea. Ferito gravemente mentre andava per guidare i rincalzi, ebbe ancora ad esprimere parole di incitamento alla lotta, stimandosi felice di cadere per il proprio Paese. — Dosso Faiti*, 18 *gennaio* 1917 — ».

Trasportato dalla linea a Sagrado, non essendovi modo di operarlo sul posto, veniva trasferito sopra un'auto-ambulanza a San Giorgio di Nogaro. Qui, da Cervignano accorreva la sua fidanzata, che non doveva poi quasi mai più lasciarlo.

Operato felicemente, ricuperò a poco a poco le forze; ma non poté più riacquistare l'uso degli arti inferiori: e la paralisi prodotta dalla quasi totale recisione del midollo spinale, complicava dolorosamente la vita del suo organismo, che doveva oramai solo funzionare meccanicamente e artificialmente. Una crisi violenta dopo l'altra; dei dolori acutissimi d'origine nervosa, martoriavano quotidianamente Fulcieri. L'angoscia teneva paurosamente le tre donne che gli erano accanto: la madre, la fidanzata, la sorella.

La disperazione di non arrivare al mattino strinse loro l'animo infinite notti; ma la fibra robusta e sana di quest'uomo puro, doveva vincere il suo male oltre i confini del pensabile.

Mai un lamento uscì dalla sua bocca, per imprecare alla sorte. Anzi diceva sovente che non permetteva lo si compatisse, perché la sua sorte non era da compatirsi. Egli era entrato in guerra con la speranza di poter dare: ecco, aveva dato; ed era raggiunta, attraverso questo sacrificio, la sua transumana felicità.

Trasportato a Milano al Padiglione Zonda, a poco a poco riesce a sistemare in modo appena sopportabile, la sua vita. Lo curano con l'applicazione di raggi, con ogni sorta di trattamenti. Egli lascia fare, e sorride di tutto questo affannarsi, che gli è caro, come una dimostrazione di affetto e di amore, ma alla cui efficacia non crede.

Quando gli si parla della sua guarigione futura, non contraddice; ma nel fondo dei suoi occhi si legge la certezza di non più guarire, mai.

Ecco che il 19 agosto 1917 si sferra l'offensiva sulla fronte Giulia. E Fulcieri non può più parteciparvi, né sperare di parteciparvi.

Segue l'offensiva dal suo letto di dolore, con un'ansia

crescente: «da ieri il tricolore sventola sulla vetta del Monte Santo!» .

Il giorno dopo la vittoriosa avanzata sulla Bainsizza. In quei giorni, vaga ancora, sorge l'idea di sfruttare la propria infermità, nei mutilati, per la propaganda della resistenza in Paese. «A proposito poi della famosa propaganda, pare che verrà finalmente da me, domani, il presidente della Trento e Trieste, per accordi. Intanto sto preparando qui all'ospedale il terreno; vi è già Vigevani, Cipriani e Porro, che sono d'accordo con me».

Incontra per la strada «Enrico Corradini, il direttore dell'«Idea Nazionale», il quale mi ha presentato il comm. Segrè di Trieste, che desiderava conoscermi. Abbiamo parlato insieme della questione della propaganda, e Segrè mi ha detto che se ne curava lui e che fra due o tre giorni verrà da me, con altri, per combinare qualcosa di concreto».

Così a poco a poco, principalmente per opera di Fulcieri, si va diffondendo la persuasione della opportunità che i combattenti, anche se feriti, anche se invalidi, anche se mutilati, non cessino di combattere, per mantenere nel Paese viva la coscienza del sacrificio che l'esercito sta compiendo alla fronte, perché il Paese si convinca della necessità di dare quel poco o quel tanto che gli sarà richiesto, perché tutto il sangue non sia versato in vano.

L'Italia, con la strepitosa vittoria della Bainsizza, sembra più che mai avviata per il suo cammino di gloria.

Or ecco, che il bollettino di guerra del 28 ottobre 1917 sembra scuotere nelle sue fondamenta anche quest'ultima torre della loro vita interiore. Sembra che il mondo s'inabissi e pare che le cose mutino il loro primitivo valore. Il cuore ancora per l'angoscia si stringe, dinanzi all'onta di un nome, simbolo del nazionale abominio: Caporetto!

Un giorno Fulcieri aveva detto che «le cattive notizie devono sempre essere sepolte in noi. Vi è un obbligo, in quest'ora di lotta, ed è di contribuire con tutte le forze alla vittoria. Oltre che un dovere di disciplina, il nascondere una notizia che può scoraggiare, può essere anche questione di fede. Non bisogna diminuirla negli altri, per causa nostra». Infatti Alessandra non parla. Nulla che riguardi la rotta, la precipitosa fuga da Quisca, l'ansia del 27 ottobre ad Udine, è nelle sue lettere. Essa avverte solo il fidanzato che è ad Udine, e lavora in un'ospedale di quella città. Egli ne è contento: «Così mi sembra partecipare per mezzo tuo alla difesa contro il barbaro invasore».

Ma l'ospedale s'è sciolto per forza di cose. Si ricostituirà più tardi. Intanto però Alessandra rientra a Milano, e Fulcieri, invalido, incapace di lottare con il suo corpo «di cui la metà è non già vecchia, ma morta», non ha più nemmeno la consolazione di avere il suo soldatino alla fronte!

Con uno slancio, degno del leopardiano «L'armi, qua l'armi», ecco egli inizia la sua nuovissima guerra. Non più con le braccia, ma con la parola e con l'esempio. Sventolerà la sua fede e il suo martirio come una bandiera, per risvegliare quelli che dormono e non vogliono sentire, per alimentare la fiamma di quelli che già sono desti.

Non conosce riposo, non conosce riguardo, né per sé, né per altri. Instancabile, sul suo carrozzino caratteristico e vivo nella memoria di chi lo vide andare per le vie di Milano, con il tranquillo sorriso nella sua faccia, trasumanata, ormai, dalla somma dei dolori e dei sacrifici, trasumanata ancora dalla gioia della sua nuova battaglia, che contro la sorte egli riesce pur tuttavia a combattere, Fulcieri giganteggia come sollevato oltre ogni umana possibilità. Nel novembre 1917, nel tristissimo novembre, sul giornale ch'egli prediligeva, commemora nel giorno dei morti, «i morti che sono vivi»; comincia sul *«Popolo d'Italia»*, ad agitare la fiaccola «tra i vivi che sono morti». Nella rivista *Vita Fraterna* pubblica alcune verità da ripetersi, che scrive mentre si compiono undici mesi dal giorno della sua ultima ferita. Queste verità sono il fulcro di tutti i suoi discorsi in pubblico, la base su cui si fonda la sua propaganda.

«I. — *Il Paese — non l'esercito — è responsabile dell'invasione del Veneto:*

1. — Perché il Paese non ha mai fatto giungere ai combattenti le parole di fede e di fierezza che li dovevano confortare e sostenere.

2. — Perché le lettere ai soldati in trincea, come nei discorsi a quelli che venivano in licenza, si sono messi tutti i lamenti sulle difficoltà della vita (pane cattivo, riso scarso, gas limitato, ecc.), senza pensare all'influenza deprimente di tali notizie.

3. — Perché si è lasciato credere al combattente che l'imboscato non è il vile che manda un altro a morire per lui, ma il furbo che salva la pancia per i fichi.

4. — Perché ognuno di noi ha contribuito ad aumentare il malessere provocato dalla piaga dell'imboscamento, domandando o facendo una raccomandazione per qualche pauroso.

5. — Perché si è detto o scritto al combattente: siamo tutti stanchi; così non può continuare; è ora di finirla; ecc.

6. — Perché si è continuato a vivere, a godere, a scialare nel paese, come prima e più di prima, mentre alla fronte si soffriva e si moriva.

7. — Perché non si è pensato come presto o tardi fosse dolorosamente fatale che avvenisse ciò ch'è successo; che cioè i soldati si rifiutassero di combattere per un paese, che non era degno del sacrificio a loro richiesto.

II. — *Parlare oggi di pace è una sciocchezza e una cattiva azione.*

1. — È una sciocchezza, perché se facessimo la pace coi tedeschi per conto nostro, l'Inghilterra, padrona del mare, cesserebbe subito di mandarci colle sue navi grano e carbone, e la nostra produzione di grano e di granturco basterebbe appena a darci 80 grammi di farina a testa, al giorno; la pace separata vorrebbe dire la chiusura di tutte le fabbriche e la fame.

2. — È una cattiva azione, perché: I. ci siamo impegnati coi nostri alleati a combattere tutti insieme fino alla vittoria e sarebbe un tradimento abbandonarli prima di averla conseguita; II. permetteremmo alla Germania e all'Austria di fuggire così al castigo, che si sono meritate, per avere scatenato l'orrendo flagello della guerra mondiale e per le crudeltà, senza fine e senza nome, commesse.

III. — *Non è vero che l'Italia potesse rimanere neutrale:*

1. — Perché quando due teppisti assalgono dei pacifici cittadini che vanno per la loro strada, non si ha il diritto di rimanere alla finestra a guardare.

2. — Perché potevamo permettere che le porte di casa nostra rimanessero più a lungo in mano all'Austria. Se avessimo avuto il nostro confine sulle Alpi — dove vuole la natura

— non ci sarebbero i tedeschi a 20 chilometri da Venezia.

3. — Perché se non avessimo fatto ora la guerra all'Austria, questa si sarebbe poi vendicata su di noi del fatto che non avevamo voluto partecipare all'aggressione dell'Europa, preparata da 40 anni da essa e dalla Germania. E avremmo poi dovuto sostenere, da soli, quella lotta che è già cosi dura oggi che siamo alleati all'Inghilterra, alla Francia e agli Stati Uniti, le nazioni più ricche e più potenti del mondo.

IV. — *I tedeschi hanno dichiarata la guerra perché si credevano il primo popolo del mondo.* Infatti:

1. — Fin dall'infanzia si è insegnato ai bambini nelle scuole col « Deutschland über alles», che ogni tedesco era, non pari, ma infinitamente superiore a qualsiasi altro abitante della terra ed aveva quindi il diritto di sottometterlo ai suoi voleri, e di farsi servire da lui.

2. — Austria e Germania non hanno voluto riconoscere il diritto alla vita delle piccole nazioni, (chiamando pezzi di carta i trattati da esse firmati, che ne garantivano l'esistenza) quando queste si sono opposte alla loro volontà, ed hanno strozzato la Serbia e il Belgio, perché alla infamante rinuncia della loro libertà, preferivano la via del martirio.

V. — *I tedeschi sono dei barbari moderni e perfezionati.* Infatti:

1. — Ogni loro studio è stato rivolto a fare della scienza il più atroce strumento di morte (gas asfissianti, sottomarini, ecc.).

2. — Hanno reso la guerra più terribile di una volta, rifiutandosi di riconoscere i patti firmati all'Aia e a Ginevra, che limitavano la lotta ai soli eserciti, massacrando nelle città aperte o annegando negli oceani, donne e fanciulli.

3. — Hanno portato il terrore e la morte ovunque sono passati: deportando in schiavitù le pacifiche popolazioni, costringendole al lavoro contro i loro fratelli, incendiando intere città, confiscando proprietà private, stuprando, affamando.

4. — Quello che gli Unni commisero per istinto selvaggio, essi, loro degni pronipoti, cinicamente studiarono fino dal tempo della pace, preparando un mostruoso codice del delitto (Kriegsbrauch in Feindesland), nel quale ogni infamia era giustificata ed illustrata.

VI. — *Se noi siamo stanchi, ben più lo devono essere i nemici.* Infatti:

1. — I tedeschi, dopo 4 anni di lotta e di sacrifici, non sono riusciti ad imporre la loro legge di violenza su quella della giustizia e del diritto, ma hanno invece visto crescere ogni giorno l'odio e il disprezzo del mondo e il numero dei loro nemici.

2. — La Germania ansimante per salassi di sangue, per le privazioni sopportate, si sente oramai avvinghiare dalla inesorabile stretta dell'America, a tutto decisa, pur di giungere alla vittoria.

3. — Senza contare che il non aver vinto, è già per la Germania, che volle la guerra, una prima sconfitta».

Queste sono le verità ch'egli va predicando nelle scuole, nelle officine, nei teatri tra un atto e l'altro, nelle piazze comiziesche. Come egli sostiene l'azione, non le vane parole e le vuote formule d'adesione a questo programma, che è una fede, ha per ritornello *sottoscrivete al prestito, sottoscrivete al prestito, sottoscrivete al prestito!*

La sua parola suasiva piana semplice, conquista i suoi

uditori.

Il 21 febbraio 1918, alla manifattura dei tabacchi, in un ambiente ostile alla guerra, e quindi diffidente e freddo, è coperto di fiori dalle tabaccaie, che lo accompagnano, come in trionfo, quando torna in ospedale.

Lo stesso fatto gli avviene a Torino, ove non lo si lascia entrare nelle officine: impianta un tavolo all'ora dell'uscita degli operai, vi si fa issare, parla e conquide.

Tutto questo non è fatto di fiori e di applausi soltanto; ma la sua parola si materializza in cartelle del nuovo prestito: solo con la sua propaganda fa sottoscrivere per ben 626.500 lire!

La prima sua conferenza egli tiene nelle scuole di via Stoppani, agli alunni, il 2 dicembre 1917.

Ogni tanto la sua attività resta sospesa per una piccola crisi del suo male: appena sia umanamente possibile, la riprende. Ha sul corpo delle piaghe di decubito, aperte, ma non ci bada. I medici lo ammoniscono, perché temono, non più per la sua salute, ma per la sua stessa esistenza. Questa per lui non conta. Bisogna combattere fino all'ultimo sangue. Non aveva forse detto un giorno che «da noi ufficiali la Nazione ha il diritto di chieder più di quello che pare umanamente possibile»? Ecco, questo egli dà. «Noi dobbiamo dare l'esempio ai soldati»: ora dà l'esempio ai cittadini, a qualunque classe appartengano. E che esempio! Dal 26 al 28 febbraio è a Roma, alla riunione dei mutilati, e sfila alla testa del loro corteo, dinanzi al monumento del Gran Re. Il marzo 1918 è il mese in cui la sua attività diventa vertiginosa. Scoppiato lo scandalo dei cascami[1], si porta, con i suoi compagni

1 Lo scandalo dei cascami riguardava il contrabbando dei residui, “i

del comitato d'azione tra mutilati e feriti e invalidi di guerra, parte civile nel processo.

Veramente egli vive soltanto della sua vita morale. Non ha più tempo per nulla, nemmeno per curarsi.

Il suo fisico non resiste; non avrebbe resistito un sano. A Genova, nell'ospedale ove alloggiava, infieriva una malattia infettiva: la risipola. Forse favorita dalle piaghe di decubito aperte, l'infezione gli entra nel sangue. Ha una crisi terribile, da cui si dispera di salvarlo.

Tutto il mese d'aprile passa angosciosamente tra alti e bassi; ed ecco che anche una volta la sua volontà trionfa. Si direbbe che questo giovine voglia mettere in pratica il nietschiano «muori a tempo opportuno». Egli sa che il suo tempo ancora non è venuto. Col maggio comincia a rivivere a poco a poco. Ma la convalescenza è lentissima. Il 25 maggio Federzoni gli scrive da Roma, e gli sembra interpretare il pensiero di tutti che voglion bene a Fulcieri: «sono dolente di sapere che tu non sei ancora rimesso dalla batosta, come tu la chiami. Per l'amor di Dio, abbiti riguardo. Noi tutti che ti amiamo tanto, ti scongiuriamo di usar ogni prudenza. Tu hai già fatto per la Patria abbastanza, perché ora ti possa e debba risparmiare...».

Nella quiete della sua cameretta bianca d'ospedale, Fulcieri, non potendo altrimenti agire, scrive per il «Secolo XX» quelle mirabili pagine ch'egli intitolerà, poi, *Dalla Morte alla Vita*.

---

cascami", di seta e cotone utilizzati nella fabbricazione dei sacchetti per la polvere da sparo. Da una denuncia di un deputato repubblicano nel 1918 si sviluppò un'inchiesta in cui furono coinvolti diversi grandi industriali italiani.

Sono una commemorazione — come erano spesso, anzi quasi sempre, i suoi discorsi — di due morti gloriosi: i fratelli Garrone.

«In una delle ore più tragiche della difesa di Verdun, quando con la conquista del forte di Douaumont pareva che la marea tedesca avesse travolto il massimo ostacolo alla conquista, da una trincea, dove pochi vivi sembravano montar la guardia ai cadaveri dei compagni, si levò un grido: — Debout les morts! —

Lo storico che, analizzando domani freddamente i documenti della guerra, ritroverà la sublime invocazione, crederà di poterle dar forse un solo valore ideale. Sbaglierà. Anche dal punto di vista realistico. Poiché i morti di Verdun risposero all'appello che li chiamava. Risposero, come i morti rispondono oggi e risponderanno domani. I morti rispondono, perché i vivi non sono che la loro reincarnazione. I morti hanno fatto la Patria, che i vivi continuano a difendere. I morti sono i grandi costruttori. Sono essi che plasmano le anime. E un popolo è grande, se i suoi morti sono caduti luminosamente, e luminosamente vivono nei loro figli».

Oramai egli predicherà sempre e ovunque la religione dei morti: così, serenamente, per la famigliarità che hanno della morte coloro, che si sono a poco a poco abituati al «suo gelido abbraccio». «Mentre scrivo il sole entra trionfalmente dalla finestra e inonda di luce la mia cameretta di ospedale. Penso a quello che lasciò scritto un altro volontario, un altro morto: — Io temo un poco la primavera. Essa ha troppi richiami alla vita, alla gioia, all'amore. In questi tempi sono cose vietate — ».

Fulcieri così, anche senza muoversi dalla sua cella bianca dello Zonda, fa del bene a «tanti cuori, anche lontani e sconosciuti, che sono intorno a lui, e credono in lui, come in uno dei mallevadori della nostra vittoria».

Ma tuttociò non gli basta. Eccolo in luglio in giro per la sua Romagna. Non è un giro di propaganda, questo. È un giro di trionfo.

Non servono a stordirlo gli applausi e i trionfali cortei della sua gente. «Ho pranzato a Bertinoro, e dopo pranzo ho avuto la soddisfazione di trovare tutto il paese nella via per salutarmi. È stata una cosa indimenticabile. Donne, bambini, operai che si urtavano, che si respingevano, per arrivare a toccare l'automobile, non dico a stringermi la mano! E poi un gruppo di profughe, che piangevano dirottamente, e gli inni cantati a voce spiegata, e urla di *abbasso l'Austria!*, che sembravano ululati. Una dimostrazione resa più varia e animata dai giornali accesi nel buio, come torce, quale non l'avevo mai avuta. Ho l'impressione che la mia venuta qui non sia stata inutile».

Ecco, che nella solitudine del suo nuovo ospedale a Bologna (il Rizzoli) tutta la nostalgia sua si sfoga in un disperato singhiozzo.

Queste lettere in cui «mette tutta la sua anima», sono tra le ultime. Alessandra ora sta per raggiungerlo. Lo troverà «forse in piedi, con dei cartoni fissati alle gambe con delle fasce». Perché egli è appunto al Rizzoli per farsi applicare un apparecchio, che gli permetta di starsene in piedi e di muovere qualche passo.

Il 15 luglio, per la prima volta, fanno l'esperimento. «Naturalmente ho resistito poco, ma ciò non di meno la cosa, come capirai, dopo 18 mesi da che sono stato in piedi l'ultima volta, mi ha fatto una certa impressione. Ho subito pensato alla tua gioia, se fossi stata qui».

Egli ha la segreta speranza di potersi sposare *in piedi.* Perché «io ti amo al punto di commettere la vigliaccheria di volerti sposare, quando forse non ne ho più il diritto».

Alessandra arriva finalmente a Bologna, né più lascia Fulcieri. Le piaghe, con l'applicare l'apparecchio, peggiorano: si deve sospendere, per ora, l'esperimento. Si consiglia la cura del sole, per sanare anzitutto quelle piaghe sempre aperte. Decidono di mandarlo in alta montagna, a Solsana.

Fulcieri subisce tutto ciò, ma non spera più oramai. Non vuole lasciare l'uniforme. Non vuole che nella terra straniera, lo si prenda per un ammalato, così ridotto fors'anche dal vizio. Ottiene, in via eccezionale, di poter indossare la sua divisa durante la sua dimora in Isvizzera.

Negli ultimi giorni di sua vita mortale, egli scrive all'avvocato Danesi, perché lo voglia d' ora innanzi considerare estraneo al processo dei cascami. Sciolto il Comitato d'azione tra mutilati invalidi e feriti di guerra, egli non vorrebbe certo costituirsi personalmente parte civile.

Colla vittoria e coll'armistizio «sono cessate le ragioni nazionali, per le quali la nostra presenza al processo poteva avere un valore, in pro della resistenza del popolo».

Spira dalla sua lettera la segreta allegrezza di potersi finalmente mettere in pace con tutti. Anche ora precorre meravigliosamente gli eventi, ed egli, combattente, ferito, invalido, è il primo a spogliarsi della psicologia di guerra, che ancor oggi, molti, non sanno abbandonare.

È stanco. Ha combattuto sino in ultimo. Sulla «Revue» di Parigi, pubblica ancora, in febbraio, un suo articolo sulle nostre relazioni politiche con i Jugoslavi, che è una mirabile cosa.

«Non si tratta per l'Italia di una questione puramente territoriale, come spesso si vuol far credere, ma di una questione di principio, che deve essere risolta, affinché non abbia a pesare continuamente, come lo ha fatto fin qui, sulla nostra politica».

Così, fino in ultimo, Fulcieri prende attiva parte alla vita del suo paese. E la sua voce si leva ancora dalla sua tomba, come un monito e come una luce, ad additarci il cammino.

Fulcieri s'è spento pianamente, sorridendo, il mattino del 28 febbraio 1919. Alla sua Alessandra lascia una lettera, che è il suo testamento morale. «Per me, al quale hai dato col tuo amore la luce che mi ha resi più belli gli ultimi miei anni, ama l'Italia, per cui sono morto felice.

Amala anche se altri — con la loro indifferenza o con la loro ostilità — potranno a volte scoraggiarti dal lavorare per essa.

Se ti sposerai — dal cielo io sarò felice di saperti madre, ove tu ne fossi felice — ricordati di fare dei tuoi figli dei puri e forti soldati d'Italia.

Nella tua pena, per cui piango nella tristezza di lasciarti sola, ricorda, bambina mia, che io avrò pensato a te nell'ultimo istante, come alla mia madonna, come alla mia luce».

Alla stazione di Milano ho rivisto Alessandra, sul treno che portava in Italia il feretro.

Nella notte, su di un carro merci, illuminato dalla luce di due fanali da segnalazioni, in un binario morto della stazione, rivedo il feretro, avvolto nella bandiera tricolore.

I suoi compagni mutilati lo vegliavano. Gli avean portato il loro vessillo azzurro dalla stella d'oro, alla cui ombra Fulcieri aveva vinto le sue ultime battaglie.

Nella tristissima notte, tutta la tragedia di questo mio buono e dolce fratello, mi passava per l'anima, viva; e mi ricordai che Gabriele D'Annunzio un giorno aveva, in un inconscio intuito, pensato per Alessandra il suo bel motto di guerra: «Io ho quel che ho donato».

Fulcieri e Alessandra bene donarono di sé alla Patria.

La loro offerta non è stata vana, poiché è scritto in alcuna parte che «questi sacrifici saranno tanto seme di bene e di forza, per i giorni venturi».

PRIMO GRUPPO DI

ARTEFICI DELLA VITTORIA

I Condottieri:

VITTORIO EMANUELE III . . a cura di	A. Grasselli-Barni (vol. doppio)
ENRICO CAVIGLIA . . . . . . » »	F. T. Marinetti
LUIGI CADORNA . . . . » »	Pietro Gorgolini
CAPI DI ARDITI (*Baseggio - Bassi - Freguglia - Morolin - Vagliasindi*) . » »	Cesare Cerati (vol. doppio)

Gli Animatori:

GABRIELE D'ANNUNZIO . . . » »	Mario Carli (vol. doppio)
FULCIERI DI CALBOLI . . . » »	Ludovico Toeplitz de G. R.
BENITO MUSSOLINI . . . . » »	Settimelli
CARLO DELCROIX . . . . . » »	Fernando Agnoletti
LUIGI GASPAROTTO . . . . » »	Cesare Rossi

Gli Eroi:

ANTONIO CANTORE . . . . » »	Maso Bisi
GLI AFFONDATORI (*Ciano - Paolucci - Pellegrini - Rizzo - Rossetti*) . » »	Sandro Forti (vol. doppio)

I Martiri:

CESARE BATTISTI . . . . . . » »	Paolo Maranini

I Volontari:

FILIPPO CORRIDONI . . . . » »	Alceste De Ambris
ROBERTO SARFATTI . . . . . » »	Luigi Siciliani

I Politici:

SIDNEY SONNINO . . . . . . » »	Vico Pellizzari
V. E. ORLANDO . . . . » »	Benito Mussolini

Il prezzo di ogni volume è di L. **2** — *Per i volumi doppi è di L.* **3,50**

L'abbonamento a questo primo gruppo di volumi, costa **L. 30,—**
inviando direttamente le ordinazioni alla

SOCIETÀ TIPOGRAFICA EDITORIALE PORTA - PIACENZA

ANDREANI

Circolo Culturale Anticonformista

I Quaderni del Circolo

P. J. Stahl – La piccola principessa Ilsea.

Christoph von Schmid – Antonio ovvero l'orfano di Firenze.

Monsignor Bougaud – Il Dolore.

Mons. Mario Minneo Janny – L'Eucaristia e il Papato.

Onorato Tavazzi – Mont Blanc. Carnet de chasse.

Carlo Pisacane – La Rivoluzione.

Albano Sorbelli – Carducci e Oberdan. 1882 – 1916.

Gabriele D'Annunzio – Per la più grande Italia.

Girolamo Agapito – Descrizione della fedelissima città e porto-franco di Trieste.

Emma Goldman – Ciò che io credo.

Gabriele D'Annunzio – Terra vergine.

Opera Nazionale Pro Oriente – Il Pane. Temi premiati nel Concorso Nazionale per la Celebrazione del Pane. 1928 – VI.

Laurence Louis Félix Bungener – Vita di Giovanni Calvino.

www.ingramcontent.com/pod-product-compliance
Ingram Content Group UK Ltd.
Pitfield, Milton Keynes, MK11 3LW, UK
UKHW020230250726
13967UKWH00001B/287